Schön, dass wir uns kennen lernen

Und wie heißt du?

Ich bin Maxi Maus und helfe dir beim Lernen.

Zusammen wiederholen wir, was du in der Schule gelernt hast. Am Ende des Heftes bist du dann sicher fit für einen kleinen Test.

Du findest auf jeder Doppelseite eine kleine Überraschung in den roten Dreiecken.
Auf Seite 32 erfährst du, was du damit machen kannst.

In diesem Heft gibt es Zeichen mit festgelegten Bedeutungen:

Regel, unbedingt lernen!

Hier gebe ich dir wichtige Tipps.

Für viele Aufgaben dieses Heftes gibt es nicht nur eine richtige Lösung. Die angebotenen Lösungen sind deshalb dort nur Vorschläge.

Lege ein leeres Heft bereit, in das du deine Geschichten schreiben kannst.

Viel Spaß und Erfolg!

Dein Maxi Maus

So kannst du auch sagen

Nomen	–	Namenwort, Hauptwort, Substantiv
Verb	–	Zeitwort, Tätigkeitswort, Tunwort
Adjektiv	–	Wiewort, Eigenschaftswort

Die Gartenparty

Buchstabenspiele

Anja hat ihre Freunde zu einer Gartenparty eingeladen. Nach dem Essen machen sie viele Ratespiele.

1 Tinas Rätsel heißt: Bilde mit jedem Buchstaben eines Wortes neue Wörter, die zu dem ersten Wort passen. Versuchst du es mit dem Wort *Tiere*?

E is	**T** iger
S alat	**I** gel
S chokolade	**E** nte
E rdbeeren	**R** abe
N usskuchen	**E** lefant

[redacted]

2 Jan schreibt einen seltsamen Satz auf.
Kannst du ihn lesen?
Tipp: Versuche, die Betonung der Wörter zu ändern.

Karlaß ap felm us. Karl aß Apfelmus.

[redacted]

Finde selbst solche Wörter und Sätze.

3 Stefans Rätsel: Zu jedem Buchstaben seines Namens sollen die Freunde Zungenbrecher finden. Hilfst du ihnen?

S *ieben satte Seebären sehen Salamander.*
T *ausend*
E
F
A
N

Tausend Tiger trinken Tee.
Elefanten essen elf Eier.
Fünf fette Frösche fangen Fische.
Acht Ameisen angeln Aale.
Nashörner niesen nachts nie.

4 Anja hat sich ein schwieriges Rätsel überlegt: Wer kann mit den Buchstaben eines Wortes eine kleine Geschichte schreiben? Fällt dir etwas ein?

Tagsüber jagt sie Mäuse.
Zusammen mit Minka macht alles Spaß.
Eine Katze ist ein richtiger Freund.

K *ai hat eine Katze als Haustier bekommen.*
A *bends liegt Minka gerne am Ofen.*
T ags
Z
E

5 Die Freunde wetten: Wer kann die längsten Schlangenwörter bilden? Gewinnst du die Wette?

Apfel	Blumen
Apfelkuchen	Blumentopf
Apfelkuchenrezept	Blumentopferde
Apfelkuchenrezeptbuch	Blumentopfedeverkaufer

Blumentopf Blumentopferde Blumentopferdeverkäufer

Ferien

Stichwörter sammeln

Tina und Stefan haben Ferien. Sie fahren mit ihren Eltern ans Meer.

~~heftigen Sturms~~ – ~~zwei Jugendliche~~ – ~~Dienstag~~ – ~~Hafens~~ – ~~Seenot~~ – ~~Küstenwache~~

Dienstag

Hafens Zwei Jugendliche

Seenot

Küstenwache

1 Am Strand finden die beiden eine alte Zeitung. Einige Wörter sind verwischt. Kannst du die fehlenden Wörter eintragen?

Wegen eines *heftigen Sturms* kenterte am Dienstag ein Ruderboot in der Nähe des Hafens. Zwei Jugendliche gerieten in Seenot. Sie konnten von der Küstenwache gerettet werden.

2 Hast du den Text gelesen? Dann kannst du sicher diese Fragen beantworten:

Wer war beteiligt?
zwei Jugendliche

Wann geschah es?
am Dienstag

Wo passierte es?
in der Nähe des Hafens

Was passierte?
das Boot kenterte

zwei Jugendliche am Dienstag

in der Nähe des Hafens Boot kenterte

3 Jede Spur, die von dem Wort in der Mitte ausgeht, erzählt eine andere Geschichte. Kannst du die fehlenden Wörter ergänzen?

Tipp:

Sammle zuerst Stichwörter, wenn du eine Geschichte schreiben willst.
Die Antworten auf die Fragen *Wer? Wann? Wo? Was? Wie?* helfen dir dabei.

4 Was hast du in den Ferien erlebt? Schließe deine Augen und stell dir dein Abenteuer genau vor. Was riechst und hörst du? Schreibe Stichwörter in die Kreise.

5 Schreibe die Geschichte in dein leeres Heft. Die Stichwörter helfen dir dabei. Findest du eine passende Überschrift?

Der Ausflug

Die Reihenfolge einhalten

Familie Hiller macht einen Ausflug. Tina freut sich besonders auf das Picknick.

1 Abends schreibt Tina Stichwörter in ihr Tagebuch:

- [4] *Nach dem Essen Ball gespielt*
- [1] *Picknickkorb gepackt*
- [2] *losgefahren*
- [5] *Nach Hause gefahren*
- [3] *gegessen*

Irgendetwas ist hier durcheinander geraten. Nummeriere in der richtigen Reihenfolge.

Tipp:

Überlege dir bei jeder Geschichte genau, was nacheinander passiert. Die Wörter *zuerst, dann, danach, anschließend, zuletzt* helfen dir dabei.

2 Kannst du mit den Stichwörtern Sätze in der richtigen Reihenfolge bilden?

Zuerst *haben wir den Picknickkorb gepackt.*
Dann sind wir losgefahren.
Danach haben wir gegessen.
Später haben wir Ball gesp
Abends sind wir nach Häuse gefaren.

sind wir losgefahren.
haben wir gegessen.
haben wir Ball gespielt.
sind wir nach Hause gefahren.

3 Anja druckt auf ihre Tagebuchseiten schöne Motive mit Blättern. Schau dir die Bilder an.
Schreibe zu jedem Bild einen Satz.
Benutze die Wörter *dann*, *danach* und *zuletzt*.

sammeln, frische Blätter
Zuerst sammelt Anja frische Blätter.

Wasserfarben, Rückseite eines Blattes, bemalen

Dann bemalt sie mit Wasserfarben die Rückseite eines Blattes.

umdrehen, auf Papier, kräftig drücken

Danach dreht sie das Blatt um und drückt es kräftig auf das Papier.

vorsichtig abziehen, fertig

Zuletzt zieht sie das Blatt vorsichtig ab. Fertig ist der Druck.

Indianerspiele

Aufsatzaufbau

Stefan und Jan verkleiden sich oft als Indianer.

1 Was ist den beiden am Wochenende passiert?
Lies den Text. Was fällt dir auf?

Stefan und Jan hatten keine Lust, alleine zu spielen. Sie beschlossen deshalb, eine Indianerbande zu gründen.

Am Abend waren Stefan und Jan froh, als der letzte Junge wieder nach Hause gegangen war. Jan sagte erleichtert: „Nächstes Mal spielen wir wieder alleine!“

Hier steht nur der Anfang und der Schluss einer Geschichte. Was ist dazwischen wohl passiert? Schreibe den fehlenden Teil in dein Heft. Findest du eine passende Überschrift?

2 Aus Stefans Indianer-Kopfschmuck sind Federn herausgefallen. Weißt du, was unter den Federn steht? Trage die fehlenden Wörter ein.

Einleitung	Einführung
längste	Höhepunkt
ausgeht	Neugier

Jede gute Geschichte besteht aus Überschrift, Einleitung, Hauptteil und Schluss.
Die Überschrift soll die Neugier wecken.
Die Einleitung gibt eine kurze Einführung in die Geschichte: Von wem handelt sie? Wo und wann passiert sie?
Der Hauptteil ist der längste und wichtigste Teil einer Geschichte. Er sollte spannend sein und einen Höhepunkt haben.
Der kurze Schluss sagt dem Leser, wie die Geschichte ausgeht.

Einleitung
Neugier
Einführung
längste
Höhepunkt
ausgeht

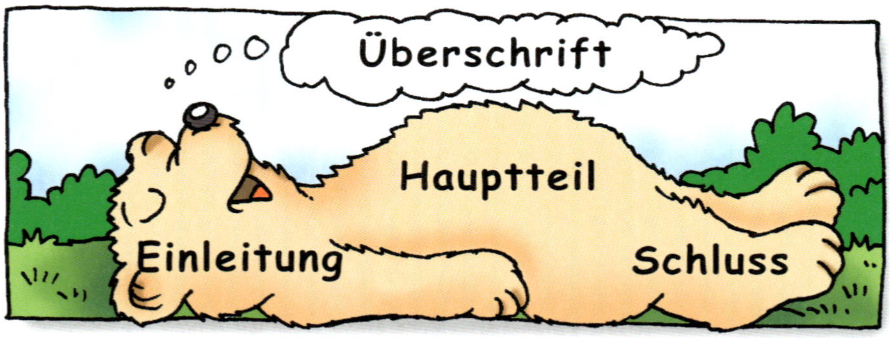

Tipp:
Den Aufbau einer Geschichte kannst du mit dem Traum-Bär vergleichen.

3 Jan schreibt gerne Indianergeschichten. Du auch? Suche dir von den beiden Einleitungen eine aus und schreibe einen Hauptteil und einen Schluss dazu.

Am Abend soll ein großes Fest im Indianerdorf stattfinden. Der Indianerjunge sucht Holz für das Lagerfeuer. Da hört er hinter sich ein bedrohliches Schnauben …

Kleiner Bär und seine Schwester Kleine Blume haben heimlich das Pferd des großen Häuptlings losgebunden und reiten durch die Prärie. Plötzlich …

Im Zirkus

Reizwortgeschichten

Anja und Stefan sind im Zirkus.
Stefan ist begeistert von dem Zauberer.

1 Wenn er nur einmal so zaubern könnte …
Dann würde Stefan mit einem Zauberteppich in sein Traumland fliegen. Wohin würdest du fliegen? Schließe die Augen. Stelle dir deine Reise mit dem Zauberteppich in dein Traumland genau vor.

2 Was hast du erlebt? Schreibe deine Geschichte auf.
Folgende Wörter sollten darin vorkommen:

Tipp:

Achte darauf, dass deine Geschichte aus Überschrift, Einleitung, Hauptteil und Schluss besteht.

3 Der Zauberer hat Wörter in die Hüte gezaubert. Verbinde immer zwei Hüte miteinander und überlege dir einen Satz, in dem beide Wörter vorkommen.

Anja malt ein großes Bild von einer roten Blume. Sefans Hose grabt in seinem Garten immer viele Löcher. Jans Hosenstall ist offen.

Stefans blaue Hose hat ein Loch am Knie.

Jans Hase hoppelt fröhlich in seinem neuen Stall herum.

4 Wie sieht dein Zauberteppich aus? Suche dir die Wörter aus, mit denen du eine Geschichte schreiben willst. Male diese Felder bunt an.

Berg	Gewitter	Höhle
zelten	Nacht	Gespenster
reiten	Sturz	Zaun

Im Zeltlager

Wortfelder

Tina ist mit Anja im Zeltlager.

1 Am Abend schreibt Tina ihrer Mutter einen Brief.

~~unternehmen~~
~~gewinnen~~ ~~malen~~
~~kochen~~ ~~backen~~

gemalt gewonnen
gekocht gebacken

Gestern haben wir viel ~~gemacht~~. unternommen

Zuerst haben wir ein Bild ~~gemacht~~. gemalt

Wir haben einen Preis ~~gemacht~~. gewonnen

Wir haben etwas zu essen ~~gemacht~~. gekocht

Anja hat einen Kuchen ~~gemacht~~. gebacken

In diesem Brief kommt ein Verb ziemlich häufig vor.

Welches? gemacht

Kannst du es durch die Wörter im Kasten ersetzen?

machen – gemacht

Tipp:

Deine Geschichte wird spannender, wenn du unterschiedliche Verben benutzt. Überlege, *wie* die Menschen etwas tun und suche dann das passende Verb.

2 Abends am Lagerfeuer unterhalten sich die Kinder lange. Welche anderen Wörter für *sagen* kannst du verwenden?

Anja flüstert Tina ein Geheimnis ins Ohr.
Oliver fragt: „Spielt jemand mit mir Karten?“
Toni antwortet: „Ja, ich würde gern mitspielen.“
Beate verbrennt sich am Feuer und schreit laut auf.
Andi schimpft: „Wer hat mein Glas umgeworfen?“
Susi ruft von weitem: „Gute Nacht!“

[redacted]

3 Diese Adjektive beschreiben genauer, *wie* jemand etwas sagt. Schau dir die Bilder an und überlege, welches Adjektiv am besten in die Lücke passt. Der Kasten hilft dir dabei.

ängstlich fröhlich
wütend entsetzt

Tina sagt: [redacted]
„War doch nur Spaß!“

Mutter ruft: [redacted]
„Was, du hast einen Frosch in der Tasche?“

Anja fragt: [redacted]
„Hast du dieses Geräusch auch gehört?“

Stefan schreit: [redacted]
„Wer hat mein Fahrrad weggenommen?“

4 Benutze bei deinen Geschichten unterschiedliche Begriffe. Findest du ähnliche Wörter für *gehen*?

gehen – ______________________

____

____

[redacted]

Am Wochenende

Tipps für gute Geschichten

Anja besucht ihre Freundin Katrin am Wochenende.

1 Anja erzählt ihren Eltern, was sie am Samstag erlebt haben. Fällt dir etwas auf?

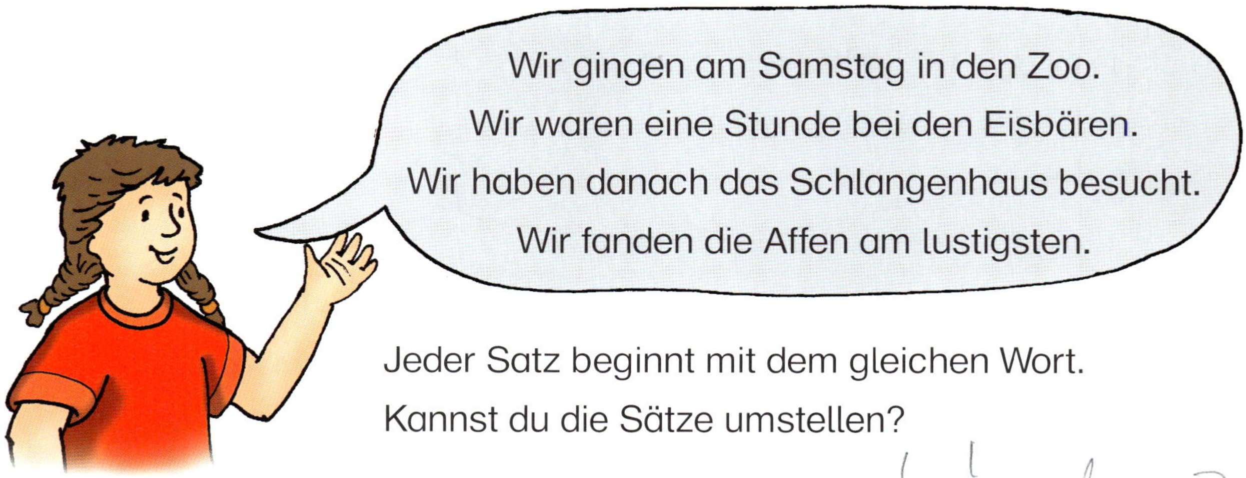

Jeder Satz beginnt mit dem gleichen Wort.
Kannst du die Sätze umstellen?

gingen wir in den Zoo.
Eine Stunde waren wir
bei den Eisbären.
Danach haben wir das
Schlangenhaus besucht.
Die Affen fanden wir am
lustigsten.

Am Samstag gingen wir in den Zoo
Eine Std. waren wir bei den Eisbären. Danach haben wir das Schlangenhaus besucht.
Am lustigsten fanden wir die Affen

2 Anja erzählt auch, was ihnen am Sonntag passiert ist. Kannst du ihre Geschichte lebendiger erzählen?

Tipp:

Verbinde kurze Sätze miteinander, dann ist die Erzählung lebendiger.
Diese Wörter helfen dir dabei:
und, als, nachdem, wenn, während, weil, dann, deshalb,
z.B.: Ich freue mich. Oma kommt zu Besuch.
Ich freue mich, weil Oma zu Besuch kommt.

Wir waren im Wald. Wir sahen einen Hund.

[redacted]

Er war nass. Er hat gezittert.

[redacted]

Anja streichelte ihn. Er hörte auf zu zittern.

[redacted]

3 Kannst du hier genauer beschreiben? Benutze die Wörter in den Waggons.

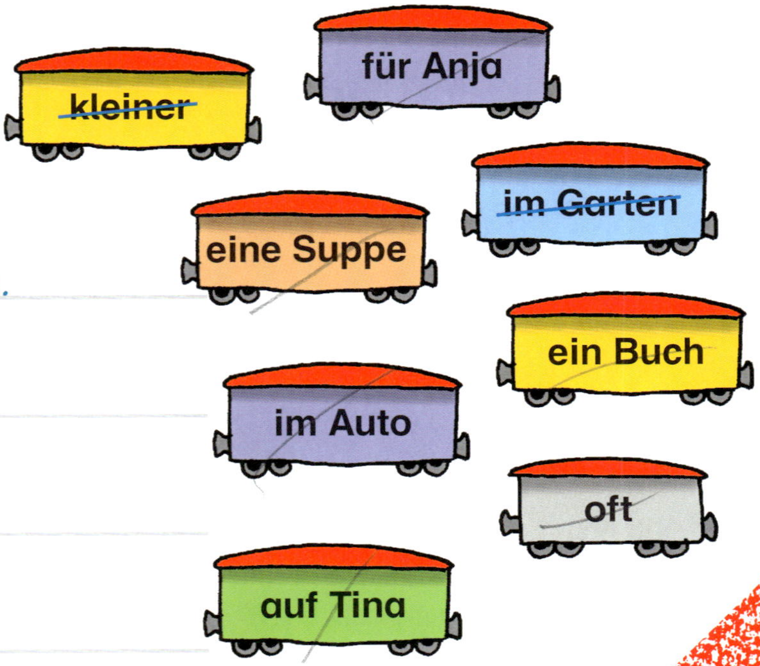

Mein Bruder spielt.

Mein kleiner Bruder spielt im Garten.

Anja liest. [redacted]

oft, ein Buch

Oma kocht. [redacted]

eine Suppe, für Anja

Papa wartet. [redacted]

im Auto, auf Tina

Angst

Spannend erzählen

Anja ist allein zu Hause. Sie kann nicht einschlafen, weil sie sich fürchtet.

1 Schau dir das Bild genau an. Woran erkennst du, dass Anja Angst hat?

Das Fenster ist auf und der Gewittert & Blitzt

schmunzeln, lachen, begeistert in die Hände klatschen, die Augen leuchten vor Freude

2 Du hast bestimmt auch schon Angst gehabt. Streiche die Wörter durch, die ein anderes Gefühl als Angst beschreiben.

- schmunzeln
- das Herz bleibt beinahe stehen
- den Atem anhalten
- lachen
- Starr vor Schreck
- blass werden
- das Herz pocht wie wild
- die Augen leuchten vor Freude
- begeistert in die Hände klatschen
- am ganzen Körper zittern
- aufgerissene Augen

3 Schließe die Augen. Denke an eine Situation, in der du große Angst hattest. Wie hast du dich gefühlt? Schreibe eine spannende Geschichte in dein Heft. Diese Wörter und die Wörter aus Aufgabe 2 helfen dir:

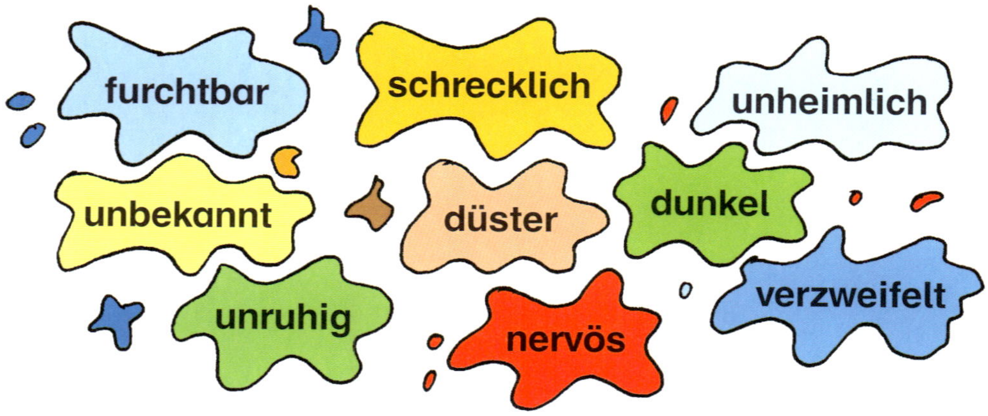

Tipp:

Achte auf die Satzanfänge, wenn du eine spannende Geschichte schreiben willst. Diese Wörter helfen dir:
plötzlich, auf einmal, kurz darauf, sofort, vor Schreck.

4 Finde eine passende Überschrift für deine Geschichte.

5 Wovor haben viele Leute Angst? Du findest es heraus, wenn du alle Felder, in denen ein sinnvolles Wort steht, ausmalst. [redacted]

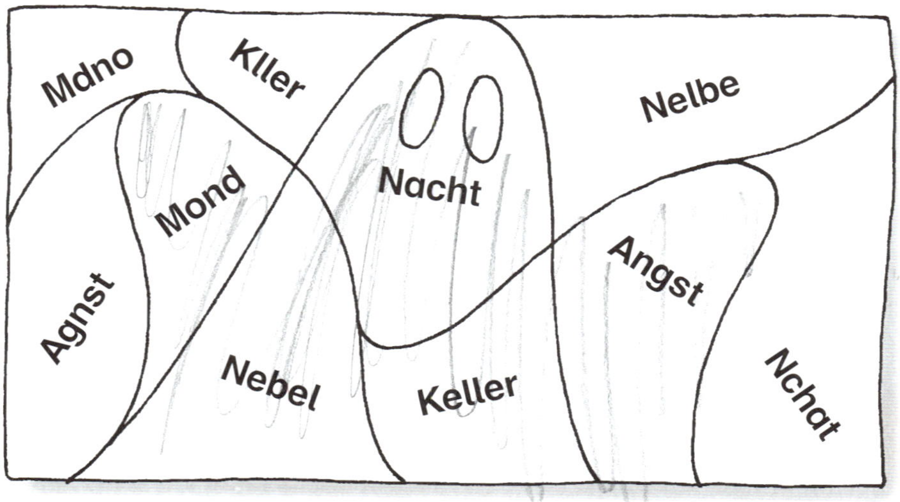

[redacted]

Beim Einkaufen

Erzählzeit/wörtliche Rede

Stefan kauft für seine Mutter ein.

1 Er erzählt Jan am nächsten Tag, was ihm passiert ist:

Gestern ging ich in den Supermarkt. Ich biege in einen engen Gang ein. Aus Versehen stieß ich eine Frau an. Sie stolpert und fiel gegen einen Turm mit Konservendosen. Der ganze Turm kippte um. Der Verkäufer verlangt von mir, dass ich den Turm wieder aufstelle.

Streiche alle Verben in der falschen Zeit durch und schreibe die richtige Form auf die Linien.

bog, stolperte, verlangte

Tipp:

Entscheide dich für eine Erzählzeit und bleibe durchgehend dabei.

2 Was könnten die Personen in Stefans Geschichte sagen? Fülle die Sprechblasen aus.

[redacted]

[redacted]

[redacted]

3 Schau dir die Bilder genau an. Was könnten die Personen sagen? Schreibe die Sätze auf. Denke an die Zeichen für die wörtliche Rede.

Regel:

Deine Geschichten werden lebendiger, wenn du wörtliche Rede benutzt.
Überlege, was die Personen denken, fühlen, sprechen.
Denke an die Zeichen für die wörtliche Rede,
z.B. Stefan fragt: „Wie geht es dir?“

Tina schmatzt: ____________________ [redacted]

Oma stöhnt: ____________________ [redacted]

Vater keucht: ____________________ [redacted]

Stefan fragt: ____________________ [redacted]

Das Rennen

Bildergeschichten

Jan und Stefan machen mit ihren Freunden ein Seifenkistenrennen. Stefan muss das Rennen nach der zweiten Runde abbrechen.

1 Schau dir das Bild genau an.
Was ist vorher und nachher passiert?
Schreibe Stichwörter auf.

2 Setze die Silben richtig zusammen. Du erhältst dann Wörter, die mit dem Wortfeld *fahren* zu tun haben.

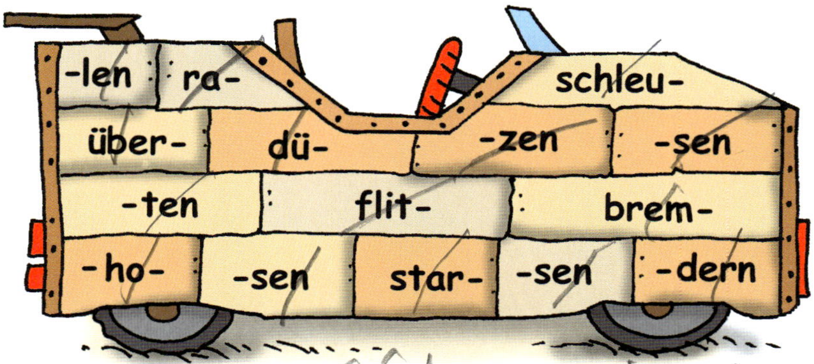

flitzen, überholen, rasen, düsen, bremsen, schleudern, starten

Rasen, flitzen, überholen, düsen, starten, bremsen, schleudern

3 Kannst du jetzt die Geschichte mithilfe deiner Stichwörter aufschreiben?
Benutze verschiedene Wörter für *fahren*.

Tipp:

Wenn du zu einem Bild eine Geschichte schreibst, schau dir zuerst das Bild genau an und schreibe Stichwörter auf.
Überlege dir, was vorher und nachher geschieht.
Gib den Personen Namen.

4 Schau dir die Bilder an. Jan hat das Rennen gewonnen, Stefan verloren.
Überlege dir, wie sich Jan und Stefan fühlen.
Verbinde die Zettel mit dem passenden Bild.

ist traurig

ist enttäuscht

ist glücklich

lacht

ärgert sich

strahlt über das ganze Gesicht

5 Was erzählen die beiden wohl ihren Eltern von dem Rennen? Erzähle entweder aus Stefans oder aus Jans Sicht.

„Stellt euch vor, heute habe ich beim Seifenkistenrennen Gewonnen." erzählt Jan seinen Eltern.

klein

Rätselrunde

Personenbeschreibung

Anja, Tina, Stefan und Jan machen ein Ratespiel. Jeder verkleidet sich und beschreibt dann das Kostüm eines anderen.

1 Schau dir das Bild genau an. Findest du heraus, welches Kostüm gemeint ist?

Er trägt einen roten Umhang um die Schultern, hat einen goldenen Stab in der Hand und eine kleine Krone auf dem Kopf.

Er hat ein rotes Tuch um den Kopf gebunden, einen schwarzen Bart und trägt eine schwarze Augenklappe.

[redacted]

2 Zwei Kostüme fehlen noch. Kannst du sie beschreiben?

[redacted]

sie hat einen

3 Kannst du dich selbst beschreiben?
Stell dich vor einen Spiegel und beschreibe dein Gesicht möglichst genau.
Bilde ganze Sätze.
Die Wörter im Kasten helfen dir dabei.

rund, schmal, breit
oval, lockig, glatt, kurz,
lang, buschig, dunkel,
hell, spitz, klein, groß

Tipp:

Benutze treffende Adjektive, dann ist deine Personenbeschreibung genauer.

So sehe ich aus:

Gesichtsform:

Haar: blond

Augen: blau

Haut: braun

Nase: dje Nasenspitze ist rund

Mund: schön

4 Handelt es sich hier auch um eine Person?
Male nach dieser Beschreibung ein Bild in den Kasten.
Er ist groß und grau, hat dicke Beine und riesige Ohren. Außerdem hat er zwei Stoßzähne und einen langen Rüssel.

Ein Elefant ist beschrieben.

Das Missgeschick

Über etwas berichten

Jan und Stefan spielen auf der Straße Fußball. Jan schießt aus Versehen daneben. Er trifft die Schaufensterscheibe der Bäckerei. Die Jungen entschuldigen sich gleich beim Bäcker.

1 Die Nachbarin hat alles gesehen und berichtet dem Bäcker davon.

14.30 Uhr, Federball, Wut, absichtlich, lachend weg-gelaufen

Sind alle Aussagen richtig? Streiche alles, was falsch ist, mit einem roten Stift durch.

2 Kannst du die Fragen richtig beantworten?

UNFALLVERSICHERUNG

VERSICHERUNGSFORMULAR NR.081

Wer war an dem Vorfall beteiligt?

Jan&Stefan

Wann geschah der Vorfall?

Um 15:25 Uhr

Wo geschah der Vorfall?

auf der Straße

Was geschah genau?

Jan schoss aus Versehen ins Bäckerei-fenster

Jan und Stefan
15.25 Uhr
auf der Straße
daneben geschossen,
Scheibe getroffen,
zerbrochen

Regel:

Ein Bericht muss die Fragen ***Wer? Wann? Wo? Was?*** **klar beantworten. Überflüssige Informationen gehören nicht in einen Bericht.**

3 Schreibe einen Bericht, in dem alle wichtigen Dinge stehen. Benutze dazu die Antworten aus der vorigen Aufgabe.

Um 15.25 Uhr spielten Stefan und Jan auf der Straße Fußball. Versehentlich schoss Jan den Ball daneben und zerbrach die Schaufensterscheibe der Bäckerei.

4 Damit dir nicht das Gleiche wie der Nachbarin passiert: Schau das Bild 10 Sekunden lang an und decke es dann mit einem Blatt ab. Versuche nun aus dem Gedächtnis die Gegenstände aufzuzählen.

Das Schulfest

Gegenstände beschreiben

Heute ist großes Schulfest. Anja ist mit ihren Freunden dort.

1 Am Abend bemerkt Anja, dass sie ihren Pullover verloren hat. Sie fragt die anderen: „Habt ihr meinen Pulli gesehen? Er ist blau und weiß.“
Was fehlt in Anjas Beschreibung?

nähere Angaben zu Größe, Form, Muster

2 Am nächsten Tag hängt sie eine genaue Beschreibung ans schwarze Brett.

> Wer hat meinen Pullover gefunden? Er ist sehr lang und weit und aus dicker, weicher Wolle gestrickt. Seine Farbe ist dunkelblau, auf der Vorderseite hat er weiße Quadrate. Auf dem linken Ärmel am Ellbogen ist ein roter Lederflicken. Der Pullover hat die Größe S.

Tipp:

Benutze passende Adjektive: So kannst du Form, Farbe, Material und die besonderen Kennzeichen eines Gegenstandes genau beschreiben.

3 Weißt du jetzt, wie Anjas Pullover aussieht?

Ergänze die Angaben.

Farbe: *dunkelblau*

Form: lang & weit

Muster:

Material:

Größe: S

Besondere Kennzeichen: roter Lederflicken am linken Ärmel

lang und weit

weiße Quadrate auf der Vorderseite

dicke, weiche Wolle

S

roter Lederflicken am linken Ärmel

4 Der Hausmeister hat nach dem Schulfest noch mehr Sachen gefunden. Beschreibe die abgebildeten Gegenstände möglichst genau.

rundes Gehäuse

gestreiftes Band, blaues Zifferblatt, schwarze Zeiger, rundes Gehäuse

grün, gelbe Riemen, rote Tasche auf der Vorderseite, Reißverschluss an der Seite

5 Hast du Lust, Anjas Lieblingshose zu malen?

- blau mit roten Streifen
- 2 Taschen an der Seite
- Flicken am linken Knie
- Loch unten links
- 3 rote Knöpfe zum Schließen
- roter Hosenbund

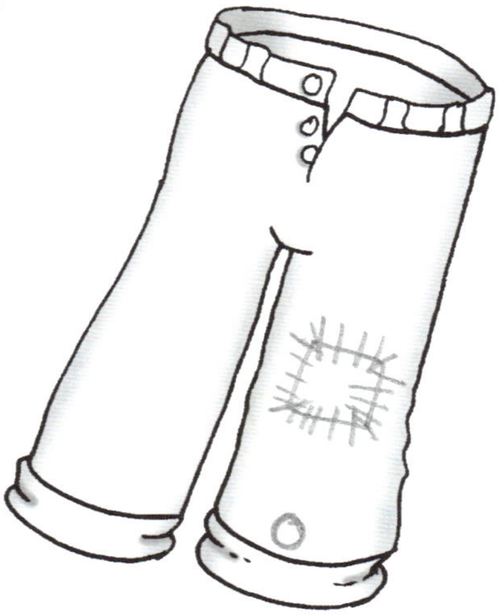

Der Besuch

Sprichwörter und Redensarten

Oma kommt zu Besuch. Sie nimmt Anja in die Arme und ruft: „Du bist mir so ans Herz gewachsen, mein Kind.“

1 Weißt du, was Oma damit meint?
Es gibt noch mehr Redensarten, in denen das Wort *Herz* vorkommt.
Kannst du die Sätze mit der passenden Abbildung verbinden? Male dann die Bilder an.

Sie mag Anja sehr gern.

Anja erzählt Tina, warum sie so traurig ist.

Jans Hund ist verschwunden. Als er ihn endlich findet, ist er richtig erleichtert.

Stefan geht in den dunklen Keller. Plötzlich huscht eine Ratte an ihm vorbei. Stocksteif bleibt er stehen.

2 Maxi Maus hat einige Sprichwörter wohl falsch verstanden. Kannst du ihm helfen?
Schreibe die Sprichwörter richtig auf.

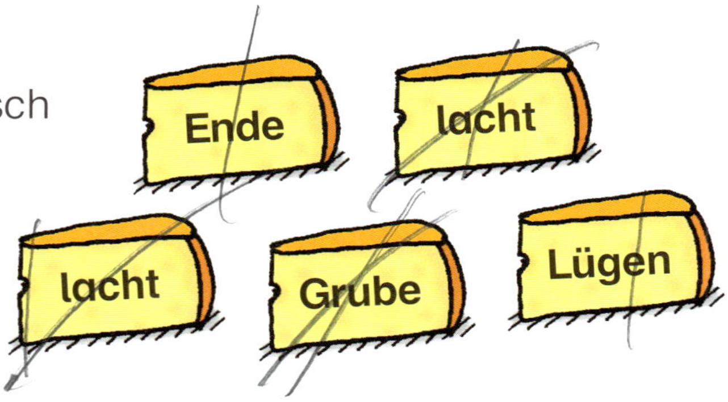

Mäuse haben kurze Beine.
Lügen haben kurze Beine

Mäuse gut, alles gut.
Ende gut, alles gut.

Wer zuletzt maust, maust am besten.
Wer zuletzt lacht, lacht am besten.

Wer andern eine Maus gräbt, fällt selbst hinein.
Wer andern eine Grube gräbt, fällt selbst hinein.

Lügen haben kurze Beine.
Ende gut, alles gut.
Wer zuletzt lacht, lacht am besten.
Wer andern eine Grube gräbt, fällt selbst hinein.

3 Fällt dir zu den Redensarten und Sprichwörtern von Aufgabe 1 und 2 eine Geschichte ein?
Schreibe sie in dein Heft.

4 Kennst du diese Sprichwörter?
Trage die fehlenden Wörter in das Gitter ein.
Die blauen Felder verraten dir ein Lösungswort.

streiten Korn Mund
Apfel morgen

Wenn zwei sich streiten, freut sich der Dritte. — STREITEN

Morgenstund hat Gold im Mund. — MUND

Der Apfel fällt nicht weit vom Stamm. — APFEL

Was du heute kannst besorgen, das verschiebe nicht auf morgen. — MORGEN

Ein blindes Huhn findet auch einmal ein Korn. — KORN

streiten Mund Apfel morgen Korn STERN

Pfiffikus

Hier kannst du zeigen, dass du ein Pfiffikus bist. Auf dieser Doppelseite kannst du den Stoff des ganzen Heftes noch einmal wiederholen.

1 Kannst du die Aussagen den richtigen Begriffen zuordnen?
Male das Kästchen in der gleichen Farbe aus.
Überschrift, Einleitung, Hauptteil, Schluss

Schluss	☐	Ende deiner Geschichte
Hauptteil	☐	Längster und wichtigster Teil deiner Geschichte
Einleitung	☐	Einführung in deine Geschichte
Einleitung	☐	Von wem handelt deine Geschichte, wo und wann passiert sie?
Überschrift	☐	Macht neugierig, darf aber nicht zu viel verraten
Hauptteil	☐	Höhepunkt

watschelt hoppelt
hüpft galoppiert

2 Weißt du, wie sich diese Tiere fortbewegen?
Schreibe die passenden Verben auf die Linien.

hüpft
hoppelt
galoppiert
watschelt

hüpft
hoppelt
galoppiert
watschelt

Tipp:

Wenn du eine Aufgabe nicht lösen kannst, schau noch einmal vorne nach.

3 Lies die folgende Geschichte. Kannst du sie spannender erzählen? Wähle passende Satzanfänge aus und schreibe die neue Geschichte in dein Heft.

Peter spielt im Hof mit seinem neuen Ball. Dann rollt der Ball aus dem Tor auf die Straße hinaus. Dann läuft Peter erschrocken hinterher. Dann steht ein großer Junge auf dem Bürgersteig. Dann nimmt der Junge den Ball und rennt damit weg. Dann weint Peter. Er ruft: „Ich will meinen Ball wiederhaben."

4 Jeweils zwei Begriffe passen zusammen.
Verbinde die Verben mit den passenden Puzzleteilen.

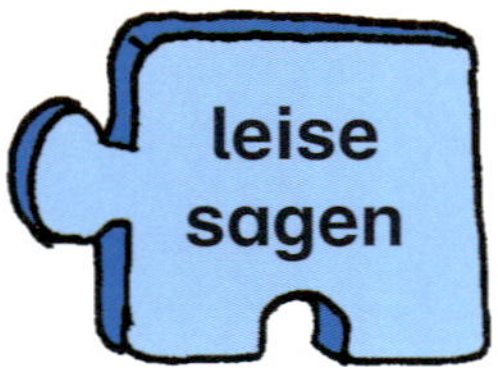

schleichen **trampeln** **flüstern** **schreien**

5 Wie schreibt man eine gute Geschichte? Einige Tipps sind falsch. Streiche diese durch.

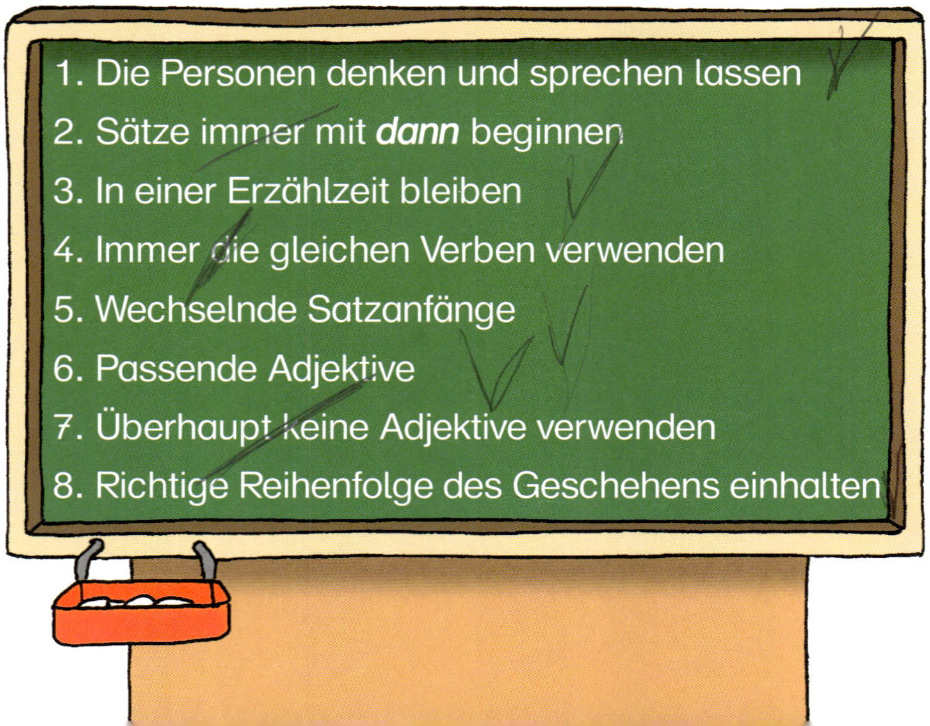

Hier siehst du alle Bilder, die in den roten Dreiecken auf jeder Seite versteckt sind. Male das jeweilige Bild bunt an, wenn du mit einer Übungsseite fertig bist. So siehst du auch, wie fleißig du schon warst.